LAS FUERZAS ARMADAS DE LOS ESTADOS UNIDOS

EL EJÉRCITO DE LOS ESTADOS UNIDOS

por Allan Morey

Ideas para los padres de familia y los maestros

Los Pogo Books permiten a los lectores practicar la lectura de textos informativos y los familiarizan con las características de la literatura de no ficción, como los encabezados, las etiquetas, las barras laterales, los mapas y diagramas, al igual que una tabla de contenido, un glosario y un índice. Los textos, cuidadosamente escritos para el nivel de los estudiantes, y la sólida correspondencia con una foto ofrecen a los lectores de temprana edad que leen con fluidez el apoyo necesario para tener éxito.

Antes de la lectura

- Recorra las páginas del libro indíquele al niño o a la niña las diversas características de la literatura de no ficción. Pregúntele qué propósito tiene cada característica.
- Miren el glosario juntos. Lean y conversen acerca de las palabras.

Lean el libro

- Permita que lea el libro de forma independiente.
- Pídale que haga una lista de las preguntas que le surjan a partir de la lectura.

Después de la lectura

- Hablen acerca de las preguntas que le hayan surgido y sobre cómo él o ella podría obtener las respuestas a esas preguntas.
- Motive al niño o a la niña a pensar más. Pregúntele: Antes de leer este libro, ¿sabías qué tipos de trabajos desempeñan los soldados del Ejército de los Estados Unidos? ¿Qué más quisieras aprender acerca del Ejército de los Estados Unidos?

Pogo Books are published by Jump!
5357 Penn Avenue South
Minneapolis, MN 55419
www.jumplibrary.com

Library of Congress Cataloging-in-Publication Data

Names: Morey, Allan, author.
Title: El Ejército de los Estados Unidos / por Allan Morey.
Other titles: U.S. Army. Spanish.
Description: Minneapolis, Minnesota: Jump!, Inc. 2021.
Series: Las fuerzas armadas de los Estados Unidos
Includes index.
Audience: Ages 7-10 | Audience: Grades 2-3
Identifiers: LCCN 2020015316 (print)
LCCN 2019044192 (ebook)
ISBN 9781645276210 (hardcover)
ISBN 9781645276227 (ebook)
Subjects: LCSH: United States. Army–Juvenile literature.
Classification: LCC UA25 .M67518 2021 (print)
LCC UA25 (ebook) | DDC 355.00973–dc23

Editor: Susanne Bushman
Designer: Molly Ballanger
Translator: Annette Granat

Content Consultant: Specialist Kevin Ducey, U.S. Army

Specialist Kevin Ducey was a Military Police Officer stationed at Fort Drum in New York as part of the 10th Mountain Division from 1997 to 2001.

Photo Credits: U.S. Army, cover, 4, 6-7, 14-15, 16-17; DanielBendjy/iStock, 1 (foreground); turtix/Shutterstock, 1 (background); zabelin/iStock, 3; Casper1774 Studio/ Shutterstock, 5 (background); Shutterstock, 5tl, 5tm, 5tr, 5bm; grzegorz knec/Alamy, 5bl; U.S. National Guard , 5br; Oklahoma Army National Guard, 8; U.S. Army Reserve, 9; dpa picture alliance archive/Alamy, 10-11; Stocktrek Images/SuperStock, 12-13; U.S. Navy, 18; PatrickZiegler/iStock, 19; Joe Raedle/Getty, 20-21; sivapornphaiboon1983/Shutterstock, 23.

Printed in the United States of America at Corporate Graphics in North Mankato, Minnesota.

TABLA DE CONTENIDO

CAPÍTULO 1
Las tropas terrestres ... 4

CAPÍTULO 2
Los trabajos del Ejército ... 8

CAPÍTULO 3
Las misiones del Ejército ... 18

DATOS BREVES & OTRAS CURIOSIDADES
Cronología ... 22
Glosario ... 23
Índice ... 24
Para aprender más ... 24

CAPÍTULO 1

LAS TROPAS TERRESTRES

Un vehículo Humvee se atraviesa el desierto. ¡Adentro hay **soldados** del Ejército de los Estados Unidos! Están preparados para la acción.

sellos de las ramas de las Fuerzas Armadas de los Estados Unidos

El Ejército es una **rama** de las Fuerzas Armadas de los Estados Unidos. Todas las ramas **defienden** a los Estados Unidos y protegen a sus **aliados**. La Guardia Nacional también forma parte de las Fuerzas Armadas. Cada estado tiene una.

Algunos soldados del Ejército son pilotos. Pero la mayoría forma parte de las **tropas terrestres**. A menudo usan vehículos. Muchos de estos están **blindados** para proteger a los soldados. Los tanques también tienen armas de fuego en ellos.

¡ECHA UN VISTAZO!

El Abrams M1 es el tanque de batalla principal del Ejército. ¡Echa un vistazo!

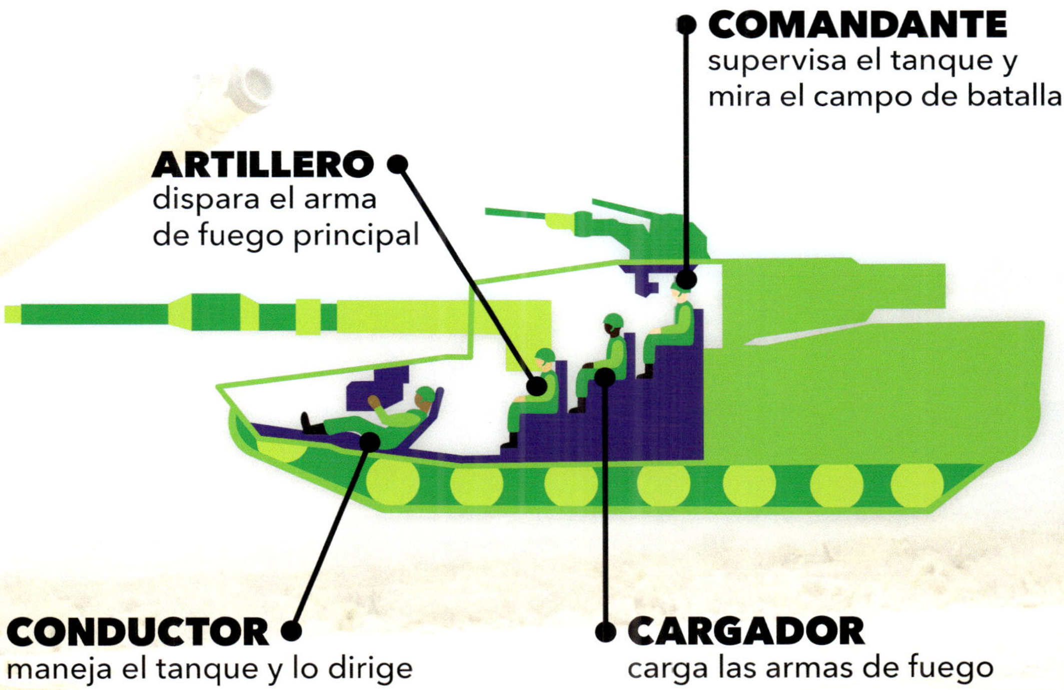

CAPÍTULO 2

LOS TRABAJOS DEL EJÉRCITO

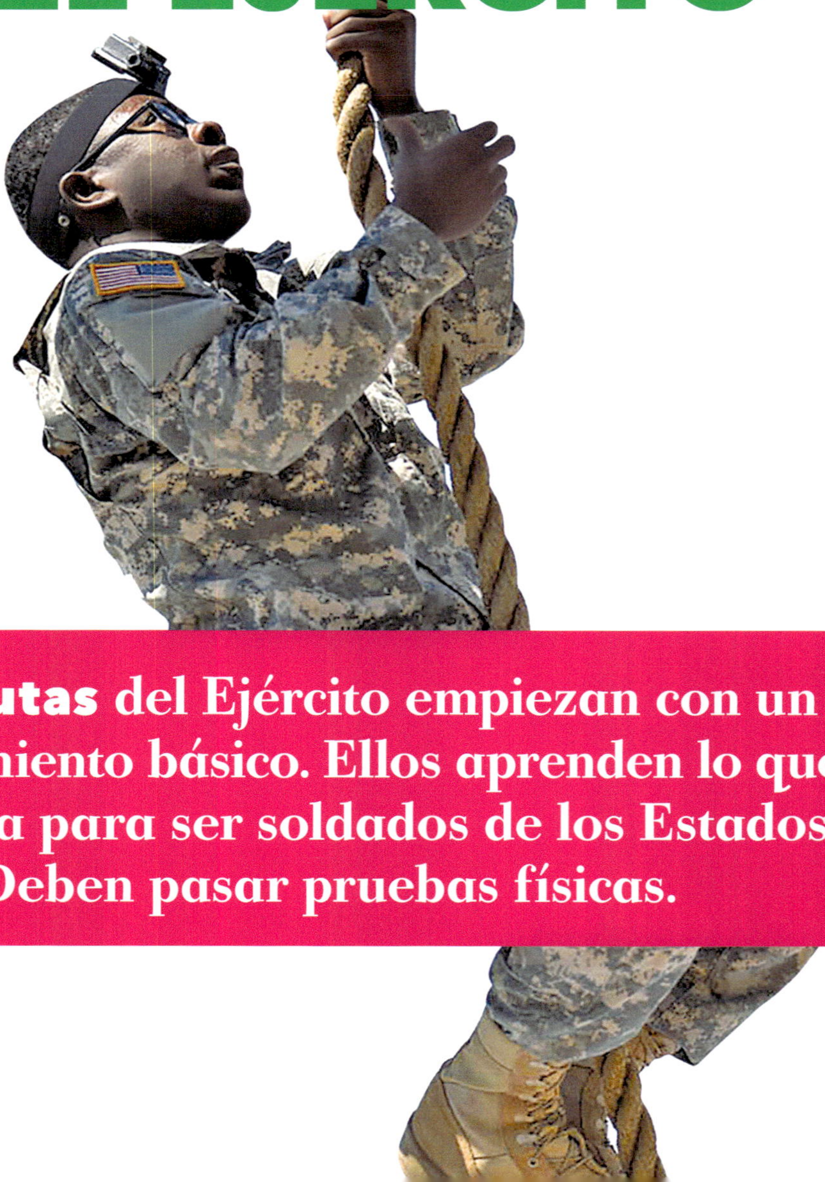

Los **reclutas** del Ejército empiezan con un entrenamiento básico. Ellos aprenden lo que hace falta para ser soldados de los Estados Unidos. Deben pasar pruebas físicas.

Después del entrenamiento básico, empieza un entrenamiento avanzado. Puede que unos soldados aprendan a disparar armas de fuego grandes. Algunos se vuelven especialistas en computadoras. Otros reciben entrenamiento para ser **ingenieros**.

Después del entrenamiento, cada soldado va a una **base**. Aquí es adonde los soldados viven y trabajan. Las bases pueden estar en los Estados Unidos. ¡O pueden estar en el extranjero! La familia de un soldado puede vivir con él o ella en la base. Puede que los soldados tengan que moverse de una base a otra.

¿LO SABÍAS?

Todo lo que los soldados necesitan está en la base. Hay una tienda de comestibles. Se le llama comisariato. ¡También hay una piscina, una oficina de correos y un gimnasio!

COMMISSARY

helicóptero de transporte

Para ser un oficial, un soldado debe tener un título universitario. Los oficiales pueden comandar a un grupo de soldados. Algunos estudian para ser doctores. Otros reciben entrenamiento para ser pilotos. Ellos pilotean aviones o helicópteros **de transporte**. Mueven tropas y suministros.

El Ejército tiene **fuerzas especiales**. Los Rangers son un tipo. Ellos están preparados para ir adonde sea en cualquier momento. Se escabullen con frecuencia en el **territorio** enemigo. Puede que atrapen a tropas enemigas. O puede que rescaten a la gente.

¿LO SABÍAS?

El presidente de los Estados Unidos está a cargo del Ejército de los Estados Unidos. Él o ella decide lo que las ramas harán.

Rangers del Ejército

Boinas Verdes

Los Boinas Verdes son otra fuerza especial. Deben haber servido en el Ejército de los Estados Unidos por tres años. Luchan contra los **terroristas** y recopilan información sobre el enemigo. Ellos hablan otros idiomas. A veces, ayudan a entrenar a los ejércitos de otros países.

¿QUÉ OPINAS?

Los Acechadores de la Noche son otra fuerza especial del Ejército de los Estados Unidos. Ellos reciben un entrenamiento especial para trabajar de noche. ¿Te gustaría ser un Acechador de la Noche? ¿Por qué o por qué no?

CAPÍTULO 3

LAS MISIONES DEL EJÉRCITO

Las **misiones** del Ejército pueden llevarse a cabo en todo el mundo. Los soldados se unen frecuentemente a los aliados en otros países. También trabajan con otras ramas de las Fuerzas Armadas. Los barcos de la Marina de Guerra de los Estados Unidos a veces transportan a tropas del Ejército.

barcos de la Marina de Guerra de los Estados Unidos

El Cuerpo de Ingenieros del Ejército de los Estados Unidos es una parte especial del Ejército. Ayuda a que los ríos sean seguros para los barcos. Construye esclusas y **diques**. También construye bases militares.

sacos de arena

El Ejército también ayuda durante los **desastres naturales**. Durante una inundación, los soldados construyen muros con sacos de arena para mantener atrás el agua. Después de un huracán, llevan suministros a las personas necesitadas.

Los soldados del Ejército protegen a personas alrededor del mundo. ¡También las ayudan! ¿Te gustaría servir en el Ejército de los Estados Unidos?

¿QUÉ OPINAS?

Los soldados de la Reserva del Ejército sirven a tiempo parcial. ¿Te gustaría servir a tiempo parcial o completo? ¿Por qué?

DATOS BREVES & OTRAS CURIOSIDADES

CRONOLOGÍA

1775
Se forma el Ejército Continental durante la Guerra de la Independencia (1775-1783).

1777
El Cuerpo de Rangers se vuelve parte del Ejército de los EE. UU.

1812-1815
Los soldados del Ejército de los EE. UU. defienden a los Estados Unidos contra los ingleses en la Guerra de 1812.

1941-1945
Los soldados del Ejército de los EE. UU. defienden a los aliados europeos de la Alemania nazi durante la Segunda Guerra Mundial (1939-1945).

1952
Se forma la fuerza especial de operaciones: los Boinas Verdes.

LA MISIÓN DEL EJÉRCITO DE LOS EE. UU.:
La misión del Ejército de los EE. UU. es desplegar sus tropas, combatir y ganar las guerras de nuestra nación mediante un dominio de tierra sostenido, rápido y preparado para la acción, a través del espectro total del conflicto como parte de la fuerza conjunta.

LOS MIEMBROS DEL EJÉRCITO DE LOS EE. UU. EN SERVICIO ACTIVO:
Alrededor de 475,000 (en el 2019)
Los miembros en servicio activo sirven a tiempo completo.

LOS MIEMBROS DEL EJÉRCITO DE LOS EE. UU. EN LA RESERVA:
Alrededor de 190,000 (en el 2019)
Los miembros en la Reserva sirven a tiempo parcial.

GLOSARIO

aliados: Países que están del mismo lado durante las guerras o en acciones militares.

base: Una estación militar permanente.

blindados: Protegidos por placas de metal.

de transporte: Que llevan de lugar en lugar.

defienden: Protegen.

desastres naturales: Eventos en la naturaleza, tales como huracanes, terremotos e inundaciones, que ocasionan mucho daño.

diques: Barreras a través de los ríos, que mantienen al agua atrás.

fuerzas especiales: Grupos militares especializados que están entrenados para realizar tareas particulares.

ingenieros: Gente que usa las matemáticas y las ciencias para resolver los problemas de la sociedad y crear cosas que los humanos usan.

misiones: Tareas o trabajos.

rama: Uno de los grupos de las Fuerzas Armadas de los Estados Unidos, incluyendo la Fuerza Aérea de los EE. UU., el Ejército de los EE. UU., la Guardia Costera de los EE. UU., el Cuerpo de Marines de los EE. UU., y la Marina de Guerra de E.E. U.U.

reclutas: Los nuevos miembros de una fuerza armada.

soldados: Gente que sirve en el Ejército.

territorio: La tierra y las aguas bajo el control de un estado, una nación o un gobernante.

terroristas: Gente que usa la violencia y las amenazas para asustar a la gente, obtener poder o forzar a los gobiernos a que hagan cosas.

tropas: Miembros de las fuerzas armadas.

ÍNDICE

Acechadores de la Noche 17
aliados 5, 18
armas de fuego 6, 7, 9
base 10, 19
Boinas Verdes 17
Cuerpo de Ingenieros del Ejército de los Estados Unidos 19
desastres naturales 21
entrenamiento básico 8, 9
familia 10
Guardia Nacional 5
ingenieros 9, 19
Marina de Guerra de los Estados Unidos 18
misiones 18
oficiales 13
pilotos 6, 13
presidente de los Estados Unidos 14
ramas de las Fuerzas Armadas de los Estados Unidos 5, 14, 18
Rangers 14
reclutas 8
rescaten 14
Reserva del Ejército 21
tanques 6, 7
terroristas 17
tropas 6, 13, 14, 18

PARA APRENDER MÁS

Aprender más es tan fácil como contar de 1 a 3.

1. Visita www.factsurfer.com
2. Escribe "ElEjércitodelosEstadosUnidos" en la caja de búsqueda.
3. Elige tu libro para ver una lista de sitios web.

FACT SURFER